Martin Gutl

Ich falle in Deine Hände

Martin Gutl

Ich falle in Deine Hände

Meditationstexte

Verlag Styria

CIP-Kurztitelaufnahme der Deutschen Bibliothek

Gutl, Martin:
Ich falle in Deine Hände: Meditationstexte
Martin Gutl. — Graz, Wien, Köln:
Verlag Styria, 1980.
ISBN 3-222-11294-0

Printed in Austria
Umschlaggestaltung: Hans Paar, Graz
Gesamtherstellung:
Druck- und Verlagshaus Styria, Graz
ISBN 3-222-11294-0

Dieses Buch ist dem

HEILIGEN BENEDIKT,

dem Vater des Mönchtums
und dem Patron Europas,
anläßlich der 1500. Wieder-
kehr seines Todestages
gewidmet

Inhalt

IV. GESPRÄCHE MIT MENSCHEN NACH IHREM TOD

V. HERAUSFORDERUNGEN UND ANSPRÜCHE AN MENSCHEN VON HEUTE

Geständnis

Warum noch schreiben?
Warum noch Menschen ansprechen?
Weißt du wirklich einen Weg
aus der Sackgasse dieser Welt?
Hast du eine innere Erlaubnis,
schreiben zu dürfen?
Wie verantwortest du deine Zeilen?

Erfahrungen prägen mich
und mein Wort.
Ich stand hilflos am Krankenbett
meines Vaters, der langsam ausleiden mußte.
Warum-Fragen hämmerten in meinem Kopf,
als meine Mutter stöhnte
und nach langem Leiden in die Ewigkeit ging.

Viele Menschen durfte ich
in den letzten Jahren
als Seelsorger begleiten.
Menschen, die sich voneinander trennten,
weil das Mißverstehen
bereits leibliche Schmerzen verursachte.
Menschen, die einander wiederfanden,
nach so vielen Jahren
gleichgültigen Beisammenseins.
Menschen, die lange gezweifelt hatten,
begannen wieder zu beten.

Ich habe in vielen Gesprächen
mit Engeln, mit Heiligen,
mit Gestalten aus der Heilsgeschichte,
mit Gott und mit Menschen geredet.
Mögen diese Gespräche
zu meinen Lesern weiterreden.

I.
Gespräche mit Gott, meinem Vater

Laß mich in Deine Hände fallen!

Vater, ich falle in Deine Hände!
Ich falle ins Nichts
und erfahre die Fülle.

Ich falle in Deine Hände!
Sie sind weit wie das Meer,
weit wie das All!
Deine Hände sind mein Zuhause.
Ein Daheim, das die Mauern
nicht kennt.
Niemand kann mich verstoßen
aus der Heimat Deiner Hände!
Und stirbt ein Mensch, den ich liebte,
sinkt er in Deine Hände
und ist geborgen in Dir.

Wie oft fragte ich
(Nach Psalm 139)

Wie oft fragte ich:
„Wo bist Du, o Gott?
Hast Du Dich zurückgezogen?
Bist Du geflohen vor mir?"

Wie oft sind meine Fragen
ein größeres Lob
als meine vielen Gebete.

Mitten im Schrecken
erkenn' ich:
Du bist da!

Schau ich in die Augen
eines verwundeten Menschen,
den man vom Unfallort wegträgt,
Du bist da!

Blick ich in die Augen
von zwei Menschen,
die einander vor dem Altar
das Ja-Wort geben,
Du bist da!

Besuche ich Menschen im Kerker,
die mit sich selbst ringen müssen,
Du bist da!

Blick ich ins Gesicht der Mönche,
die zum Chorgebet gehen,
Du bist da!

Schau ich in die Augen von Kindern,
die in der Schulbank vor mir sitzen,
Du bist da!

Schau ich in die Augen von Vorgesetzten,
bevor sie mir einen Auftrag geben,
Du bist da!

Schau ich in die Augen von Freunden,
die mir viel bedeuten,
Du bist da!

Sitze ich im Flugzeug,
8000 Meter über den Häusern der Städte,
Du bist da!

Fahre ich im Zug
durch die Nacht,
Du bist da!

Komme ich zu einer Sitzung,
Du bist da!

Wandere ich allein auf den Berg,
Du bist da!

Krieche ich in eine Höhle,
Du bist da!

Sitze ich in einer alten Kirche,
Du bist da!

Sage ich auch hundertmal:
„Ich sehe Dich nicht!"
Ich spüre doch:
Du bist da!

Und frage ich auch:
„Wo bist Du? Wo bist Du geblieben?"
Du bist da!

Denn Du bist Gott!
Und das heißt:
Du bist da!
Da für uns!
Halleluja!

O Gott, verzeih!

O Gott, verzeih, ich habe viele Fragen!
Warum sind viele Tyrannen in Ruhe gestorben?
Befürworter der gewaltlosen Lösung wie
Mahatma Gandhi, Martin Luther King,
Bischof Romero sind ermordet worden!

Warum lernt der Mensch fast nichts
aus der Geschichte?
Warum wird er nicht weise
durch seine Erfahrung?
Warum ist er so schwerfällig
und kann mit sich nicht fertig werden?

Warum bleiben Leiden und Tragik,
obwohl tausendmal
verkündet wird:
Christus ist auferstanden!

Wo bleibt der Beweis?

Warum lieben wir einander so wenig?
Die Weißen die Schwarzen und
die Schwarzen die Weißen?

Warum helfen wir einander nicht,
obwohl wir im Überfluß leben
und andere nach dem Lebensnotwendigen
hungern?

Warum zerbrechen viele Ehen,
die mit gutem Willen begonnen wurden?

Wir haben eine fortschrittliche Technik,
eine weitverzweigte Wissenschaft,
politische Modelle, psychoanalytische Methoden.

Warum kommen wir als Menschen nicht weiter?
Warum bleiben die Guten in der Minorität,
und die Gleichgültigen bilden die Masse?

Warum lassen sich Menschen
verdummen?
Warum sind sie zu bequem,
sich selber ein Urteil zu bilden?

Warum horchen sie nicht
auf ihr eigenes, inneres Wesen?
Warum muß es so sein, wie es ist?
Warum?

Die Warum-Fragen engen mich ein
und verwirren mich.
O Gott, ich merke:
Meine Warum-Fragen führen ins Nichts.

Ich bete zu Dir! Erbarme Dich meiner!
Hilf mir, von den Fragen loszukommen
und mich in Deine Hände fallen zu lassen.
Ich weiß, o Gott,
der Stolz hält mich ab,
mich fallen zu lassen.

Ich will erklären, verstehen,
will Fragen stellen,
wo es keine Antwort gibt.
Ich will verstehen können,
was nicht zu verstehen ist.
Im Schweigen finde
ich eher den Sinn der Geschichte
als im Reden.

Was bedrückt dich, meine Seele?

„Was bedrückt dich, meine Seele,
und warum stürmst du in mir?
Hoffe auf Gott,
noch werd' ich ihn rühmen.
Das Heil meines Angesichts
und meinen Gott!"
(Aus Psalm 42)

O Herr, ich sehe mit Schrecken:
Kaum ist ein Zweifel besiegt,
kommt eine neue Nachricht,
die mich beunruhigt.

Hab' ich nach langen Gesprächen
meine Einheit mit Menschen gefunden,
stört ein neuer Zwiespalt den Frieden.

Wo ich gestern noch helfen konnte,
stehe ich heute selbst hilflos da,
und wie ich auch denke und denke,
ich komm' an keine Ende.
So bleib' ich bedrängt.

Doch Deine Hand, o Herr,
reißt mich heraus.
Plötzlich spüre ich:
Du bist da!
Nicht, wie ich es erwarte,
nicht, wie ich es erhoffe.
Bilder von Dir, die ich mir machte,
zerbrechen durch Lebenserfahrung.
Täuschungen gebe ich auf.
Du hast mich von neuem geprüft.
Du hast mir von neuem die Richtung gezeigt.

Ich bin

O Herr,
ich denke nach über mich selbst.
Wo eigentlich ist mein Ich?
Im Kopf? In den Füßen?
Im Brustraum? Im Herzen?

Der Arzt kann mich röntgenisieren,
er findet mein Ich doch nicht.
Das Kraftwerk für mein Leben
bleibt unsichtbar.

Gib mir Vertrauen zu meinem Selbst,
das in Dir wurzelt
und nur in Dir
sich vollenden kann. Amen.

Gebet auf dem Friedhof

Herr!
Wir schreiten langsam
durch den Friedhof.
Ich lese Namen um Namen.

Wozu sind sie auf die Welt gekommen?
Zu Tausenden, zu Millionen, zu Milliarden?
Namen, Titel, Namen.
Geschichte, Schicksal, Leben.
Die schönsten Stunden und
die bittersten Stunden.

Davon steht nichts
auf den Grabsteinen.
Wie haben sich Menschen, die hier liegen,
angestrengt, um einen großen
oder einen kleinen Vorteil zu erreichen!
Wie oft sind sie über Leichen gegangen,
um sich durchzusetzen!
Was haben sie erreicht?

Grabsteine schwätzen nicht,
Grabsteine lügen nicht.
Grabsteine stehen schweigend da.
Sie zeigen: Das Äußere vergeht
mit tödlicher Gewißheit.
Geh in dich!
Dort wirst du deine Ewigkeit finden!

Was helfen mir Bücher?

O Herr,
Du deutest mir das Dasein.
Du bist mir Meister geworden.
Du kannst mich herausfordern
wie keiner.
Du bleibst nicht
an meinen Grenzen stehen.

Du wagst tiefer in mich einzudringen
als ein Seelsorger.

Die Stille ist Deine Zeit, o Herr!
In der Stille beginnst Du,
mich zu unterweisen.
Du sprichst nicht in Worten.
Du redest mit Schweigen,
mit den Augen der Menschen,
mit dem Ausdruck des Leidens
und der Freude.
Wo ich Fragen stelle,
antwortest Du oft erst nach Jahren
mit einer Fügung, mit einem Bild,
mit einer Begegnung.

Gib mir Geduld im Umgang mit Dir!
Lehre mich, im Warten
dem Wesen der Dinge und Menschen
näherzukommen.
Amen.

Ihre Blicke sind Fragen

O Herr,
ich schaue in den Kirchenraum
und sehe viele Menschen.
Suchende, Leidende, Friedlose.
Ab und zu ein gelassenes Gesicht.
Viele fragende Blicke:
Was hast du uns zu sagen?
Ist das echt?
Stehst du dahinter?
Was hast du selber gelitten?
Was hast du selber bewältigt?
Was macht dir Angst?
Fühlst du dich einsam?
Wie sehr bist du überzeugt
von deiner Botschaft?
Was kostet dich deine Botschaft?

Herr, ich schaue in viele Gesichter.
Sie fordern mich auf,
ehrlich zu sein.
Was tu ich für sie?
Verstärke ich ihre Illusionen?
Zeige ich ihnen einen Weg,
der zum Ziel führt?
Lass' ich sie weiter
ihre Götzen anbeten?

O Herr, ich weiß,
wie sehr die Propheten gelitten haben.
Menschen wollen eine Botschaft,
die ihnen wohltut.
Ohrenbläser und Ohrenkitzler
sind immer beliebt.

O Herr, ich fürchte,
daß wir die Menschen
mit unseren Worten einschläfern,
statt an den Türen
ihrer Herzen zu rütteln.
Wir scheuen uns, die Wahrheit
deutlich und verständlich zu sagen.
Und doch wissen wir:
Nur die Wahrheit kann uns noch retten!

Gib uns den Mut zur Wahrhaftigkeit.
Im Beichtstuhl, im Aussprachezimmer,
bei der Predigt, im kleinen Gespräch.
Hilf uns,
die Wahrheit in Liebe zu tun.

Es geht immer um Letztes

O Herr,
je öfter ich mit Menschen spreche,
an Gräbern stehe,
Menschen aus einer leidvollen Situation
herausführen helfe,
desto klarer wird mir:
im Leben geht es immer um Letztes.
Um Schuldigwerden und Vergebung-Erlangen.
Um Verlorensein und Sich-wieder-Finden.
Um Verletztsein und Wieder-heil-Werden,
um Leben und Sterben.
Um Jenseits,
um Himmel und Hölle,
um Fegefeuer.
Um Teufel und Engel,
um Christus.
Um Kreuzigung und Auferstehung.

Du bist wachsam

Vieles hast Du in mir getötet,
von dem ich dachte,
ich müßte es züchten und pflegen.
Neues ist gekommen,
das mich erfüllt.

O Herr, ich danke Dir,
denn du bist wachsam.
Nichts entgeht Dir.
Selbst in der Nacht noch
gibst Du mir Weisung
durch Bilder und Worte.

Ich preise Dich, Herr,
denn Dein Gespräch mit mir
erlöst mich von Angst.
Deine Nähe ist Frieden,
Dein Dasein ist Wunder,
Deine Weisheit ist Liebe.

Stille, du meine Geliebte . . .

Stille, du bist mir treu.
Ich brauche Minuten,
manchmal auch Stunden,
um dich in mich einzulassen.
Du weitest mir den Blick.
Du reinigst mich von den Sünden.
Du führst mich
zu den innersten Schichten
des Wesens.
Stille, in dir fühle ich mich daheim.

Stille, du betrügst mich nicht.
Die Oberfläche hat mich oft genarrt.
Tief innen im Wesen
sitzt die Wahrheit.
Wer sucht sie?
Wer findet sie?

Du meine Geliebte, du Stille!
Du bereitest mir die größte Freude.
Durch dich lerne ich schauen,
lerne ich denken,
lerne ich beten,
lerne ich Mensch sein.

Gebet beim Begräbnis eines Kindes

O Gott! Wir tragen ein Kind zum Friedhof!
Ich schaue hinaus in die Weite der Landschaft,
ob mich ein Zeichen der Natur trösten kann.

Da sehe ich eine Felswand vor mir,
steil, fast senkrecht emporragend.
Mir kommt der Gedanke:
Du bist wie ein Fels:
hart und undurchdringbar!
Und doch wie ein Fels,
an dem ich mich festhalten kann.

Ich sehe in die Gesichter derer,
die gekommen sind,
um mit Vater und Mutter
Abschied zu nehmen.

Mitten in unserer Unsicherheit,
mitten in unseren Gewohnheiten
erleben wir das Unbegreifliche.

O Gott, wir nähern uns Dir und zittern.
Deine Liebe ist anders, schrecklich anders
als unsere Liebe.
Fühlst Du mit uns?
Erreichen wir Dich nicht
mit unseren Tränen?

Tief innen spricht eine Stimme:
„Und gehst du durch ein Meer von Tränen,
du wirst nicht verzweifeln,
denn Ich bin bei dir!"

II.
Gespräche mit Jesus, meinem Meister

Ich schaue auf Dich

Ich sehe Dich auf einer Ikone.
Dein Blick trifft mich
wie eines Menschen Blick,
der in mir das Geheimnis sucht
und es nach langer Zeit findet.
Du siehst mich an als Gott, als Mensch,
der nicht nur um den Teil,
der um das Ganze weiß.
Du schaust mich an
und verstehst mich.

Du schaust mich an als einer,
der niemals schuldig wurde.
Du schaust mich an
wie einer, der hunderttausendmal
sterben mußte und doch wieder
lebendig wurde.

Du durchdringst mein Wesen.
Dein Blick nimmt mir den Haß
gegen alles Böse in der Welt.
Dein Blick nimmt mir die Eifersucht,
den Neid, den Geiz und gibt mir
die innere Klarheit.
Dein Blick verzeiht,
ohne die Schuld ungeschehen zu machen.
Dein Blick vergibt,
ohne mir das Leiden
an mir selbst zu ersparen.

Im Garten von Gethsemane

Jesus, Du hast Gelähmte geheilt.
Du hast Deinen toten Freund Lazarus
auferweckt.
Dein Bewußtsein war gefüllt mit der
Gewißheit:
„Ich und der Vater sind eins."
Du hast die Schriftgelehrten herausgefordert.
Du hast tüchtige Verkäufer aus dem
Tempel getrieben.
Du hast die Angriffe der Pharisäer
abgewehrt.
Nun sehe ich Dich auf dem Ölberg liegen.
Händeringend.
Ich lese von Deiner unsagbaren Angst.
Dein Schweiß wurde zu Blut.

O Herr, ich sehe die Jünger,
die Dich umgeben,
sie sind beschäftigt mit ihren Träumen,
ob sie den richtigen Weg
zur Macht gewählt haben.
Du sahst Deine Freunde schlafen.
Petrus, der Starke.
Was sagte er?
Was zeigte er?

Du kommst an jene Grenze,
wo der Wahnsinn beginnt
oder die völlige Ergebenheit.
Du betest: „Vater, wenn es möglich ist ..."
Ja, Du sagst, „wenn es möglich ist",
obwohl Du im Herzen spürst,
es ist nicht möglich.

Du sagst, „wenn es möglich ist",
obwohl Du weißt,
das Leiden ist notwendig geworden.
Wenn es möglich wäre,
so hätte der Vater längst
auf diese Stunde verzichtet.
Du bist Dir gewiß,
daß Dein Vater Dich liebt!

Du weißt, des Vaters Wille
ist des Vaters Liebe.
Und so sagst Du:
„Nicht mein Wille,
nicht meine Liebe,
sondern Dein Wille, Deine Liebe geschehe!
Denn Deine Liebe ist weiter als meine!"

Jesus! Bleib da!
Du hast uns noch vieles zu sagen.
Du wirst geopfert werden?
Du wirst sterben?
Wem wird Dein Opfer nützen?
Wir brauchen einen Jesus, der heilen kann;
der, wie Moses, betend sein Volk anführt.
Doch Du sagst:
„Nicht mein Wille,
Dein Wille geschehe."

Du vor Pilatus

Die Spuren Deiner Geißelung sind allen sichtbar.
Die Dornenkrone auf dem Haupt,
so stehst Du da, der Prophet,
der Meister der Lebensweisheit,
verspottet und verhöhnt.

„Ich bin gekommen als Zeuge der Wahrheit."
Das also ist Wahrheit.
Ein Mensch, der Menschen
Gott näher bringen wollte.
Nun wurde er selbst als Gottloser verurteilt.

Du stehst vor Pilatus.
Was weiß er, was weißt Du?
Was sieht er, was siehst Du?
Wie tief dringt Dein Blick?
Wie tief der Blick des Pilatus?
Im Grunde weiß Pilatus:
Dieses Gericht,
das er hier zu vollziehen hat,
ist ein Gericht über ihn selbst.
Er wäscht sich die Hände in Unschuld.
Aus Unsicherheit. Im Schuldgefühl.

Er hat die Prüfung seines Lebens
nicht bestanden.
Er fragt mit Verstand „Was ist Wahrheit?",
wo seine Seele längst entschieden hat,
was Sein und was Schein
in diesem Prozeß bedeuten.

Zeuge der Wahrheit

O Herr, wir sind berufen,
Zeugen der Wahrheit zu sein.
Wir haben keine Bestimmung,
erfolgreich zu sein.
Wir haben keine Berufung,
geehrt zu werden
und uns durchzusetzen.

Gib uns den Mut,
ehrlich zu sein:
nicht in Gehässigkeit,
sondern in Liebe.
Laß uns Zeugen der Wahrheit
und nicht Zeugen der Lüge sein.
Laß uns das Wort: „Gehet in Frieden!"
nicht als Aufforderung verstehen:
„Lebt in der Lüge weiter!"
Unser Friede kann nur
aus der Wahrheit kommen.

Laß uns innehalten,
bevor wir zum Altare gehen.
Mit wem haben wir zu reden?
Laß uns Gespräche nicht scheuen,
die für ein Verstehen notwendig sind.
Laß uns nicht in die Liturgie flüchten,
bevor wir im Zusammenleben mit anderen
nicht Ordnung gemacht haben.
Nur mit Wahrhaftigkeit ehren wir Dich!
Sonst lästern wir Deinen Namen.

III.
Gespräche mit Gestalten aus der Bibel

An einen, der es uns leicht machen will

Du gibst dich sehr charmant,
verhandelst gerne,
bist kompromißbereit.

Du weichst das auf, was Jesus sagte.
Du versuchst, dich mit Erklärungen
und mit billigen Deutungen
in Menschenherzen einzuschleichen:
„Das ist nicht so, wie es da steht,
das ist anders!" Nämlich so,
wie es uns Menschen sagen,
die die anspruchsvollen Worte Jesu
nicht vertragen können.

Du bist sehr schlau;
du versuchst, immer vernünftig zu sein.
Du sagst: „Das kann man nicht verlangen.
Das liegt nicht in der Menschennatur,
das ist unmenschlich!"
Du sagst: „Wer kann geben,
ohne daß er selbst besitzt?"

Du bist gerne bereit,
mit dir reden zu lassen.
Aus Nächstenliebe, wie du sagst.
Du sagst: „Das kann man nicht verlangen
von einem Mann, von einer Frau.
Sie haben genug gelitten.
Sie müssen sich trennen."
Was heißt, genug oder zuviel gelitten?
Ein anderer, der sich rastlos
für Menschen hingibt,
wird plötzlich müde, gibt den Dienst auf
und pflegt nur sein eigenes Nest,
weil du ihm sagtest: „Du bist überfordert!"

Das sagst du schon seit Jahrtausenden
zu allen Menschen, die sich für das Echte,
Tiefe, Wahre entscheiden wollen.

Ich möchte wissen,
wie Moses mit dir fertig wurde.
Was Abraham getan hätte,
wäre er deinem Rat gefolgt.
Bei Buddha, Christus
bei Maximilian Kolbe, Mutter Teresa,
Dom Helder Camara
hat dein Einfluß nicht gewirkt.

Du steckst unter einem Hut
mit vielen, die den allzeit klugen
und den angepaßten Menschen spielen.
Du weißt gut zu täuschen.
Daher hast du viel Erfolg!

Jesus nennt dich den „Fürsten dieser Welt".
Doch bedenke: wie lange noch?
Auch für dich gibt es eine Frist,
und die heißt:
Dich durchschauen!
Jetzt, auf dieser Welt!

Wie lange reicht die Kraft, Hiob?

Du bist begabt,
du bist gesund.
Du hast Frau und Kinder.
Du hast genug zu essen.
Du hast einen schönen Besitz.
Du konntest unbeschwert beten.

Viel loben, viel danken, viel singen!
Das Leben wäre ein Loblied geworden.
Man hätte gesagt:
„Beim Hiob hat alles gestimmt!
Ein Gott wohlgefälliges Leben!"

Doch alles kam anders.
Unglück, Unfall, Tod.
Verlust, Krankwerden.

Spüren, wie sich die Umwelt wandelt.
Die fröhlichen Worte der Freunde von einst
und ihr kraftloses Geschwätz jetzt.

Spüren, wie der Ring immer enger wird.
Wie Verheißung um Verheißung,
Hoffnung um Hoffnung
aufgesaugt werden
von dem bohrenden, quälenden „Warum".
Warum ich?
Du fragst, du klagst.
Du forderst Gott selbst heraus.
Du hast lange gelitten.

Deine Einsamkeit hat dir den Zugang
zum Herzen des Unendlichen verschafft.

Du kommst Seinem Herzen ganz nahe.
Was du vernimmst in der Stunde
deiner innigsten Gespräche
und deiner quälenden Fragen,
ist keine Antwort.
Du wirst aber verwandelt
von Ihm, der mit dir redet.
Du beginnst von neuem zu beten,
beginnst zu danken.
Du hast wieder Mut,
dich zu verneigen.
Auch dort, wo du mit dem Verstand
nichts verstehst.

Hattest du keine Angst, David?

Du sahst Goliath.
Du wußtest:
„Wenn mein Stein nicht trifft,
sind ich und mein Volk tot."

Ein Stein! Du dachtest nichts.
Du warst sicher.
Du warst jung.
Du sahst die Gefahr,
doch du hast an deine innere Stärke geglaubt.

Du wußtest, daß Gott dir beisteht.
Was ist da Goliath?

Herr, gib uns die Stärke
und Sicherheit des David!
Sie kam nicht von seinem Stolz,
nicht von seiner Eitelkeit.
Sie kam von seinem Glauben.
Wo wir eins sind mit uns selbst,
werden wir die größten Hindernisse
überwinden.
Wenn wir zerrissen sind,
werden wir an den kleinsten Hürden
hängenbleiben.

Herr, nimm uns die Ängste und die Zweifel.
Sie lähmen uns.

Nimm uns das Denken,
das um unsere Schwäche kreist.
Laß uns, wie der junge David,
auf Dich vertrauen!
Dann wird uns selbst
ein Goliath nicht erschrecken können.

Moses, Moses!

Die Tage des fürstlichen Lebens
lagen hinter dir.
Die Spiele, das Geehrtwerden,
das Obensitzen, während Tausende
sich unten plagten.
Du sahst das Elend deines Volkes.
Du spürtest den Israeliten in dir.
Da bist du aufgestanden.
Du wolltest deine Welt verändern
und hast mit einem Mord begonnen.

Du bist geflohen, hinaus in das Nichts.
In der Stille der Steppe, bei Jetro,
fandest du Zuflucht.
Jetzt hattest du Zeit zum Denken.

„Wie ist die Welt? Was ist der Sinn?
Wurde ich einst auf wunderbare Weise gerettet,
damit ich ein Mörder würde?
Ich verstehe das Leben nicht mehr!"
Du zogst mit den Schafen,
Tage, Monate, Jahre.
Die Sonne hat dich ausgebrannt.
Die Stille hat dich gereinigt.
Du bist einsam geworden und stark.
Du hast zu schauen begonnen.
Da, eines Tages stand Er vor dir.
Er, die reine Gegenwart in Person!
Er sagte: „Ich bin, der ich bin!"

Er hat dich herausgefordert.
Du hast dich gewehrt.
Du spürtest den Anspruch.
Du kamst nicht los.
Du bist zu deinem Volk gegangen,

mit nichts als einer Verheißung bewaffnet:
„Ich werde mein Volk herausführen!“

Du hast gezweifelt, gefragt.
Moses, was gab dir die Stärke und den Mut,
deiner inneren Stimme zu folgen?

Du wußtest nichts von deiner Zukunft.
Du warst erfüllt von einer Kraft.
Diese Kraft ließ dich zum Pharao gehen.
Du widerstandest ihm
und allen seinen Hohenpriestern.
Du konntest den Pharao
mit Zeichen erschrecken.
Doch er war von einem Mal zum anderen härter.
Endlich konntest du gehen.

Was gab dir den Mut,
ein Volk in ein Meer zu jagen?
Woher wußtest du: Jetzt oder nie?

Was gab dir die Kraft,
dein Volk in die Wüste zu führen?
Dein Glaube hat dein Volk
aus der Tyrannei gerettet.
Deine Zweifel hätten
die Knechtschaft des Volkes verlängert.

Dein Gott ist ein strenger Gott.
Einmal nur hast du gezweifelt,
und du durftest das Gelobte Land
nur von weitem sehen.

Dein Gott gab strenge Befehle.
Dein Gott gab dir das Gesetz.
Du hast deinen Gott erfahren
als unendliche Kraft.

Aus dieser Erfahrung kam für dich
die Gewißheit:
Mit Gott wird das Meer trockenes Land.
Mit Gott wird mir die Wüste zur Oase.

Jakob, warum kämpfst du mit Gott?

Jakob, warum kämpfst du mit Gott?
Ich muß meine Ohnmacht
an einem Allmächtigen prüfen.

Viele von den Begrenzten kenne ich.
Der Unendliche allein genügt.
Mit ihm muß ich kämpfen.

Ich weiß, es wird einen Kampf geben,
in dem ich für Sekunden,
für Bruchteile von Sekunden glauben werde,
Gott sei in meiner Hand.

Er gebe, worum ich Ihn bitte.
Ich werde mich zu Seinem Herzen vorkämpfen.
Ich werde durch Stille und Schweigen
die Kraft meiner Zuwendung verstärken.

Ich werde Menschen lieben
und, durch diese Liebe bereichert,
mit der Hingabe, mit dem,
was ich hergegeben habe,
zu Ihm gehen.

Ich werde beten,
wie die Propheten, wie die Patriarchen,
wie die Psalmenbeter, wie die Wundertäter,
wie die Mystiker, die Starzen,
die Heiligen mit Ihm geredet haben.
Ich weiß, als Mensch habe ich keine Macht.
Gott ist überlegen.
Und doch!

Ich denke an Hiob,
an das Volk Israel,
an Jesus Christus.

Ich denke an Jakob.
Er hat in der Nacht gerungen.
Er war allein.
Er ist verwundet worden,
doch nicht besiegt.

Wer mit der Unendlichkeit
zu leben, zu kämpfen beginnt,
geht aus diesem Kampf
verwundet hervor.

Doch er wird nicht zermalmt.
Denn der Ewige will nicht den Tod.
Er will eine neue Einsicht,
eine neue Erkenntnis des Menschen.

Er freut sich,
daß wir kämpfen wollen mit einem,
dessen Allmacht in der Liebe liegt.

In der Liebe ist der Grund,
wo wir beide verankert sind.

Dort fließt die Allmacht
mit unserer Ohnmacht zusammen.

An den lebensmüden Elias

„Elias, deine Stunden sind gezählt.
Du wirst verfolgt.
Du hast die Baalspriester umgebracht.
Mußtest du so weit gehen?
Mußtest du die Heiden herausfordern?"
Du sagst: „Es war Gottes Wille."
Bist du sicher?

Deine Fragen kreisen dich ein.
Du fliehst in die Wüste.
Dort wirst du müde.
Du bist am Ende deiner Kräfte.
„Es ist genug!
Laß mich zu den Vätern heimkehren!"

Du schläfst unter dem Ginsterstrauch ein.
Du darfst schlafen, doch nicht sterben.
Denn deine Stunde ist noch nicht gekommen.
Deine Sendung ist noch nicht erfüllt.
Der Engel kommt.
Du nimmst das Brot.
Du stehst auf und gehst weiter.
Vierzig Tage, vierzig Nächte,
um von neuem deinem Gott zu begegnen.
Diesmal nicht im Erdbeben,
nicht im Feuer, nicht im Sturm:
Im Säuseln des Windes kommt Er zu dir.

Wie ist er heute so anders als gestern,
dieser Gott!
Du verlierst dein Gottesbild.
Da Gott sogar im Säuseln des Windes
zu finden ist,
wirst du anders denken müssen,
anders handeln müssen.

Dein lärmender Zorn
gegen die Baalspriester
ist dir vergangen.
Du wirst nicht zuerst
die Außenwelt verändern
und die Baalspriester töten.
Du wirst nach innen gehen
und dich selbst beherrschen.
Denn dein Gott, Elias, ist
ein leiser Gott geworden.
Kein Gott, der die Throne
und die Herrscher stürzt.
Bete Gott an, der sich in dir
still sein ewiges Zelt gebaut hat.

Ich danke dir, Jeremias!

Du hast viel empfunden
und daher viel gelitten.

In jungen Jahren spürtest du,
daß du berufen warst,
für deinen Gott zu reden.
Du sagtest: „Herr, ich bin zu jung!"
Der Herr sagte dir: „Geh hin,
wohin ich dich sende, und verkünde,
was ich dir auftrage!
Hab keine Angst, denn ich bin bei dir
und werde dich beschützen.
Ich, der Herr, sage es!"
Dein Gott legte seine Worte
in deinen Mund.

Du, der junge, schwache Jeremias,
solltest durch deine Worte Macht haben
über Völker und Königreiche.
Du solltest niederreißen und aufbauen,
ausreißen und einpflanzen.

Auf einmal war dein Leben anders.
Die Oberfläche war zerbrochen.
Du sahst in das Innere der Menschen
und durchschautest ihre Gedanken
und ihre Götzen.

Du konntest die Zukunft voraussagen.
Du wußtest, wohin Heuchelei
und Eitelkeit führen.
Du mußtest gegen dein eigenes Volk reden.

Man hat dich in die Zisterne geworfen,
man hat dich in den Block gespannt.
Du hast deinen Auftrag trotzdem erfüllt.

Deine Klage geht mir nahe:
„Ich bin doch unselig!
Warum hat mich meine Mutter geboren?
Überall, wohin ich komme,
feindet man mich an
und streitet mit mir.
Du weißt ja alles,
denk an mich und hilf mir!"

Du hattest viele Fragen an deinen Gott,
der dich berufen hatte.
„Warum läßt Du mich im Stich
wie ein Bach, der im Sommer versiegt?"
Da hörtest du:
„Höre nicht auf die anderen,
sondern sieh zu,
daß sie auf dich hören!
Du wirst diesem Volk
wie eine eiserne Mauer gegenüberstehen.
Sie werden gegen dich anrennen,
aber sie können dich nicht bezwingen.
Denn ich stehe dir zur Seite,
um dich zu schützen und zu retten.
Ich will dich aus der Faust
der Gewalttätigen reißen.
Ich, der Herr, sage es!"

An Johannes

Von dir heißt es:
„Der Jünger, den Jesus liebte."

Es ist tröstlich für uns
zu wissen,
daß Jesus zwölf Jünger auswählte
und von denen nochmals drei.
Mit Petrus und Jakobus
gehörtest du, Johannes,
zum engsten Kreis Jesu.

Jesus hat sich dir anvertraut.
Du standest auf dem Tabor.
Du ruhtest beim letzten Abendmahl
an der Brust des Herrn.

Du standest bei Ihm
in Stunden der Angst auf dem Ölberg.
Du warst unter dem Kreuz
dem Spott der Menge ausgeliefert.
Er hat dir Seine Mutter übergeben.
Du hast Ihn verstanden, ohne Worte.

Als der einzige Jünger Jesu
hast du deinen Meister
bis zum Letzten begleitet.

Du bist zum Grabe gerannt,
hast das leere Grab gesehen
und wußtest: „Jesus ist auferstanden!"

Du hast vor dem Hohen Rat gesagt:
„Wir können nicht schweigen von dem,
was wir gesehen und gehört haben."
Du hast aus der Erfahrung deines Lebens
uns deine Einsicht geschenkt:
„Gott ist die Liebe!"

Du hast uns Jesus Christus gezeigt
als den Sohn Gottes,
der gekommen ist,
in uns zu wohnen.

Du hast durch deine Liebe
die Geheimnisse Jesu Christi
ohne Erklärung begriffen.

Du bist geprägt
vom Geheimnis der Zuneigung,
der Gnade und Liebe
deines und unseres Meisters
Jesus Christus.

Wohin gehst du, Judas?

„Als Judas den Bissen gegessen hatte,
ging er hinaus.
Es war Nacht."
(Joh 13,30)

Judas, wer und was hat dich
zum Verräter gemacht?

Du hattest bestimmte Vorstellungen
von Jesus.
Du wolltest,
daß deine Träume in Erfüllung gehen.
Du dachtest an einen gefeierten Jesus,
der Macht zu verteilen hatte.
Du wolltest mit einem Jesus,
der Unrecht erleidet,
nichts zu tun haben.

Du wolltest Jesus
auf deine Weise zwingen,
Seine Macht auszunützen.
Deine Gedanken sind
Gedanken eines Menschen,
der nur im Diesseits sein Glück sucht.
Du konntest mit der Rede
von der Auferstehung
nicht einverstanden sein.
Du sahst die Möglichkeiten,
jetzt mächtig zu werden.

Bei der Fußwaschung
und beim letzten Abendmahl
blickte Jesus tief in deine Seele.
Er sah deinen Abgrund.

Du warst erfüllt
von dem einzigen Willen:
deine Pläne durchzusetzen.
Da war kein Platz für einen Gott,
der unbegreifbar ist
und seinen Sohn sterben läßt,
um Ihn zum Leben zu erwecken.

Judas, wohin gehst du?
Du kamst mit Soldaten
und gingst auf Jesus zu.
Du hast Ihn umarmt und geküßt!
Später, als du gesehen hast,
daß sich Jesus nicht wehrt
und sich töten läßt,
bist du zusammengebrochen.
Du hattest nicht den Mut,
ganz in dich hineinzugehen.
Du bliebst in den Selbstvorwürfen stecken.
Hinter deiner Verzweiflung
gab es die Trauer
eines Petrus, der Jesus verleugnet hat.
Er hat geweint
und Gnade neu erfahren.

Judas, wo gehst du hin?
Du willst dich erhängen?
Wohin gehst du nach deinem Tod?
Was denkst du jetzt?
Ich habe kein Recht,
dich zu beurteilen.

Ich bin aber betroffen,
daß jemand
so verraten konnte,
so verzweifeln mußte!

Meine Hoffnung sagt:
Das letzte Wort hat dein Erlöser
nicht beim Abendmahl zu dir gesprochen.
Du wirst ihm begegnet sein
in der neuen Weite der Ewigkeit.
Gnade ist der Anfang dieser Welt.
Gnade ist die Mitte dieser Welt.
Gnade ist die Vollendung der Welt.
Gnade,
nicht Gericht,
heißt das letzte Wort
auch für dich, Judas!

Du, mein Engel

Eines Tages bekam ich einen
aus Holz geschnitzten kleinen Engel.
Seitdem steht der kleine Engel
auf meinem Nachtkästchen.
„Der kleine Engel und die großen Dämonen!“
Ich denke an David und Goliath.

Der kleine Engel aus Holz
erinnert mich an dich,
mein Schutzengel.
Was sollst du, kleiner Engel,
gegen den großen Dämon ausrichten?

Ich spüre, wie du mich umgibst.
Ich weiß, daß viele
auf den Schutz von dir verzichten.
Sie wissen es besser.
Sie sind aufgeklärt.
Sie kommen mit den Worten
Ursache und Wirkung aus.
Ich glaube, sie nehmen sich viel.

Es ist wie mit einem Mantel.
Ich kann auch ohne Mantel im Winter gehen,
doch ich werde anfällig
für Krankheiten aller Art.

Ich weiß, daß ich dir, meinem Engel,
nicht immer folgte.
Du wirst an meinen Irrwegen gelitten haben.
Du bliebst der Stille an meiner Seite.
Denn es ist nicht deine Aufgabe,
mir Vorwürfe zu machen.
Deine Sendung besteht nicht im Richten.
Deine Berufung liegt im Begleiten.

Du siehst auf Bildern so schwach aus,
und doch sicherst du mich,
wenn ich über den Abgrund springe.

Ich danke dir, kleiner Engel,
daß du nie von meiner Seite gewichen bist,
auch damals nicht,
als ich dich totgeschwiegen habe.

Warum weinst du?

Warum siehst du auf das Äußere?
Warum schaust du auf den erstarrten Leib?
Tief drinnen in dir spürst du:
„Jesus lebt!"
Warum fragst du, wo es zu vertrauen gilt?
Warum redest du, wo das Schweigen in dir
Kraft bedeutet?

Warum bleibst du
bei einem Teil der Geschichte stecken
und schaust nicht auf das Ganze?
Warum hörst du nicht auf die Verheißungen
der Propheten und der Weisen?
Warum willst du dir deine Welt
nur mit Wissenschaften erklären?
Warum läßt du dich nicht
von der Stille der Natur in das
Geheimnis des Lebens einweihen?
Warum gehst du nicht in dein Inneres?
Warum siehst du den Auferstandenen
nicht vor dir?

Vor dem Altar der Schmerzhaften Mutter

Ich sehe dich, Maria,
mit einem Schwert im Herzen,
zu einer Zeit, als du noch nicht wußtest,
was mit deinem Sohn geschehen wird.
Vieles ist dir verheißen worden:
Dein Sohn würde groß sein
und zum Segen für viele werden.
Wie hat dich das Wort des Simeon getroffen:
„Ein Schwert wird deine Seele durchbohren!"
„Wußtest du nicht, daß ich
im Hause meines Vaters sein muß?"
Und später, bei der Hochzeit,
als du den Blick Jesu ertragen mußtest
und seine Worte:
„Frau, was habe ich mit dir zu tun?"
Unter dem Kreuz stehend,
da war es, das Schwert!

Ich sehe vor deinem Altar
Menschen stehen, Maria.
Viele Menschen, viele Schwerter,
die Herzen durchstoßen.
Das Schwert der Diagnose:
„Unheilbar krank!"
Das Schwert des Kindes,
das den Eltern sagt:
„Ich will nicht bei euch wohnen.
Ich ziehe aus.
Ich verstehe mich nicht mit euch!"
Der Schmerz eines Mannes oder einer Frau,
die sagen: „Wir verstehen uns nicht,
wir gehen auseinander."
Der Schmerz eines Seelsorgers, der sagt:
„Ich kann euch nicht trösten,
ich finde selbst keinen Trost."

Ich bin dankbar,
die vielen Kerzen zu sehen,
die Menschen hier anzünden.
Eine Landschaft flackernder,
zuckender Flammen als Sinnbild
für Menschen, die opfern und lieben,
ringen und leiden.

An einen Engel in einem gotischen Dom

Du lächelst.
Was siehst du?

Du siehst weiter als ich.
Du schaust in die Unendlichkeit.
Du schaust in die Ewigkeit.
Wir sind vom Nebel umgeben.
Du siehst die Vorgänge der Zeit
und des Raumes.

Du lächelst über unsere
eiligen Bemühungen,
uns ein dauerndes Glück
auf Erden schaffen zu wollen?
Du lächelst über unsere Ausreden,
die wir gebrauchen,
um Gott zu entfliehen?
Lächelst du über unsere scheinheilige Art,
in der wir uns vor Gott entschuldigen?

Du siehst weiter als ich.
Ich sehe
die leidvollen Augen.
Ich höre
den Aufschrei von Menschen.
Du hörst anders.

Dein Lächeln deutet:
Wir gehen durch Chaos zu einer neuen,
lebendigen Ordnung.
Wir wandern durch das Grau
zur farbenprächtigen Verklärung.

Die Rosette ist aus den Herzen
der Künstler gewachsen,
aus ihren gläubigen, hoffenden,
liebenden Herzen.
Sie zeigt mir für alle Zeit:
Der letzte Ruf des Menschen wird
nicht „Warum“ heißen,
sondern „Halleluja!“

Zwei Einsame auf dem Kreuzweg

Maria und Jesus!
Ihr begegnet einander auf dem Kreuzweg.
Unzählige Gespräche fließen
in euren Blicken zusammen.
Was weißt du, Maria?
Was weißt du, Jesus?
Ihr braucht nicht mit Worten zu reden.
Euer gemeinsames Reich ist das Schweigen.
Ihr steht einsam da.
Umgeben von einer Menge,
die rasch von Hosianna auf Crucifige wechselt.
Es bleibt jetzt keine Zeit,
Fragen zu stellen.

Maria,
dein Sohn fällt keinem Traum zum Opfer.
Es ist notwendig.
Wofür? Warum?
Du sagst: „Mir geschehe auch jetzt
nach Deinem Wort!"
Stunden später stehst du da unterm Kreuz.
Du siehst das irdische Ende
deines geliebten Sohnes Jesus.

Du spürst den Haß der einen
und die Gleichgültigkeit der anderen.
Du bist da als Mutter,
als Mensch, als Beter.
Das Vertrauen ringt mit der Verzweiflung
einen einsamen Kampf.
Du standest nicht da im Trotz,
nicht im Haß.
Du standest da in der Einheit mit Jesus,
der sich von dir löste als Mutter.

Er blieb dir von nun an nahe
als das unsagbare Du,
das keine Begrenzung durch eine
vorgeformte Beziehung verträgt.

Maria,
deine Kraft ist nicht versiegt.
Sie stehen noch immer da.
Frauen und Männer.
Nach den Nachrichten
vom plötzlichen Tod des Gatten,
vom Unfall ihrer Kinder,
von der Verhaftung ihres Geliebten.
Sie stehen noch immer da.
Nicht verstehend und doch getröstet.
Das sind deine Erben,
Maria unter dem Kreuz.

IV.
Gespräche mit Menschen nach ihrem Tod

In memoriam Hieronymus Bosch

Deine Höllenbilder, Hieronymus,
sind voller Schrecken,
doch harmlos gegen das,
was in Wirklichkeit geschieht.

Da leben Menschen
zwanzig Jahre und länger zusammen
und haben nicht den Mut,
einander zu sagen,
wie ihnen wirklich zumute ist.

Sie reden viel, um nicht
etwas von sich selbst sagen zu müssen.
Ihre Seelen sind abgetrieben worden.
Nun leben sie
mit einer Totgeburt weiter.

Sie leben zusammen,
öd und leer.
Sie befriedigen einander
mit ihrem Körper,
und ihre Seele weint.

An den heiligen Benedikt

Du hast auf den Anruf
mit Gehorsam geantwortet.
Du wußtest, wie schwer es ist,
aus dem Gewohnten auszubrechen.
Du hast dich wie Abraham herausgelöst
aus deiner Umgebung.

Um dich herum
ging eine Welt in Brüche.
Du hattest den Mut,
deine innere Ordnung zu suchen.
Du hast bei dir selbst gewohnt.

Deine Festigkeit hat
die Klöster geprägt,
die du gegründet hast.

Du hast gesagt:
„Müßiggang ist der Feind der Seele!"
Du hast deine Harmonie
zwischen Wachen und Schlafen,
zwischen Wirken und Empfangen gefunden.

Du kanntest die richtige Reihenfolge
von Gebet und Arbeit.
Du hast gesagt:
„Nichts darf dem Gottesdienst
vorgezogen werden!"
Dadurch hast du die Worte Jesu erfüllt:
„Suchet zuerst das Reich Gottes
und seine Harmonie,
und alles andere wird sich für euch auftun."

Du hast den Menschen verankert
in der Gemeinschaft
mit Gott und dem Nächsten.

So konnten die großen Ideen geboren
und Einstellungen verändert werden,
neue Kräfte und neue Impulse kommen.

Du hast dich entschlossen,
kompromißlos
auf Gott hinzuhören.
Du hast als Abt abgedankt,
weil die Gemeinschaft zügellos lebte.
Du konntest auch scheitern.
Du bist wieder in die Einsamkeit gegangen,
um Gott noch näher zu kommen.

Auf Grund deiner Regel
haben Tausende Menschen
ein inneres Leben begonnen.

Du hast den Menschen einen Weg gezeigt,
nach innen zu gehen
und, bereichert von innen,
nach außen zu wirken.

Was hat sich geändert am Wesen des Menschen?
Noch immer hungern wir nach dem richtigen Maß,
nach der Unterscheidung der Geister
und nach der Harmonie in uns und um uns.
Du weißt, was wir brauchen.

Nicht nur Wissenschaftler,
nicht nur Erfinder.
Wir brauchen Menschen,
die den Menschen wieder zu sich
und zu Gott führen.

Verlasse Europa nicht!
Dein Geist möge uns anregen,
das Letzte, das Wesentliche zu suchen
und nicht im Vorletzten uns so einzurichten,
als sei Gott längst tot.

An die Ungeborenen

Ihr seid vor eurem ersten Atemzug
auf dieser Erde getötet worden.
Ihr konntet euch auf dieser Erde
nicht entfalten.
Ihr seid gekommen und vor eurer Ankunft
schon vernichtet worden.
Was war der Sinn des Lebens im Mutterschoß?

Wir wissen nicht,
wie viele von euch getötet wurden.
Doch eines sehen wir:
Nichts auf dieser Erde
bleibt ohne Folgen.
Leben ist ein Geschenk des unendlichen Gottes.
Der Mensch kann die Seele nicht töten.
Er kann nur den Körper vernichten.
Die Seele kann er nicht auslöschen.
Er kann sich selbst nicht vernichten.
Er kann seinen Körper,
sich selbst aber niemals töten.

Wir dürfen Hoffnung haben
für euch alle,
daß ihr trotzdem leben
und in einer Weise euch entfalten könnt,
die nicht irdisch ist.

Das mindert nicht die tiefe Schuld
von Menschen, die Leben töten.
Es gibt keinen Zufall.
Und schon gar nicht den Zufall des Lebens!

O ihr Ungeborenen! Seid barmherzig
mit den Menschen dieser Erde,
übt nicht grausame Rache!
Bewahrt uns vor Katastrophen.
Öffnet uns, den Geborenen, die Augen,
daß wir aufhören,
nur an unsere Bequemlichkeit zu denken,
an Komfort, an die Möglichkeiten,
es uns gutgehen zu lassen.

Helft uns, daß wir endlich verstehen:
Wir sind für den Auftrag da,
Leben zu schützen, zu fördern
und es nicht zu vernichten.
Wir sind da, den Krieg zu vermeiden,
die Geborenen und Ungeborenen zu lieben,
das Leben leben zu lassen
und es in keiner Weise zu verhindern.
Wo immer wir töten,
treffen wir das Herz Gottes.
Er ist die Quelle des Lebens.

Nach dem Tod meines Freundes

Es ist schön, daß ich dir begegnen durfte.
Du hast mein Leben entscheidend geprägt.
Durch dich habe ich erfahren,
wie ein Mensch seine Angst überwindet.
Du bist in deine letzten Tage hineingegangen,
sehr betroffen, ergriffen,
aber nicht verzweifelt.
Du hast den Mut gehabt,
offen über deinen Abschied zu reden.
Du hast dich mit allen ausgesöhnt.
Du bist bewußt von uns gegangen.

Ich sehe noch deine
durchdringenden Blicke.
Ich spüre die Übernatur,
das Ewige in dir!
Du bist in frühen Jahren
ein vollendeter Mensch geworden.

Wir danken dir,
daß wir dich ein Stück des Weges
begleiten durften.

Jetzt bist du uns vorausgegangen.
Deine neue Gestalt ist uns nicht faßbar.
Und doch spüren wir,
du bist uns nähergekommen:
als Licht, als Kraft,
als Trost, als Friede!

An Maximilian Kolbe

Du warst der Häftling Nummer 16670
im KZ Auschwitz.
„Wer sein Leben retten will,
wird es verlieren.
Wer es um meinetwillen verliert,
wird es gewinnen."

Du hast gewagt,
die Wahrheit dieses Wortes
zu beweisen.
Du hast gezeigt, daß es Höheres gibt
als dieses irdische Dasein.

Du hast dich gemeldet,
als man einen Familienvater als Geisel
für den Hungerbunker auswählte.
Da bist du aus der Reihe getreten.
Du hast dich für ihn geopfert.
Viele haben gedacht:
„Er ist wahnsinnig geworden!"
Doch du hast gesagt:
„Ich möchte für einen sterben,
der Frau und Kinder hat."
Und so wurde die Nummer 5659 gestrichen
für den Vater Gajowniczek.
Und deine Nummer kam in die Liste.

Es ist etwas anderes,
in der Bibel zu lesen:
„Eine größere Liebe hat niemand,
als wer sein Leben hingibt für seine Freunde."
Und etwas anderes,
es tatsächlich zu tun.
Du hast nicht gesagt, wie wir alle es täten:
„Gott sei Dank, mich hat es nicht getroffen!"

Deine Botschaft bedeutet mehr
als viele Bücher über den Sinn des Lebens.

Du hast etwas getan,
wovor wir alle zittern:
Dich für einen anderen töten lassen!

Freiwillig,
für einen Unbekannten!

Die Qualen der vierzehn Tage im Bunker!
Kaum stehen können, stockfinstere Zelle,
ohne Strohsack, ohne irgend etwas,
außer dem schmutzigen Eimer!
Sicherer, grausamer Tod!

Was magst du in den vierzehn Tagen
gedacht und gebetet haben?
Bevor jener Arzt kam,
der dir die Injektion spritzte.

Du bist nicht gerettet worden,
wie auch Jesus am Kreuz nicht gerettet wurde.

Am Maria-Himmelfahrtstag wurde
dein Leichnam verbrannt.

Und doch: Dein Leben ist gerettet.
Du bist nicht zu töten.

Heute, wo jeder sich selbst
mit allen Mitteln zu retten versucht,
werde dein Name genannt,
laut und deutlich:
Maximilian Kolbe!

An Martin Luther King

Du hast deine Intelligenz eingesetzt,
nicht um dir Vorteile zu errechnen,
sondern um deinen Brüdern
und Schwestern beizustehen.

Wieviel hat man dir angetan:
Dein Haus in die Luft gesprengt,
dich eingesperrt, verhört, beschimpft,
belogen, angepöbelt, deine Familie bedroht.
Du hast nicht zu hassen begonnen.

Du hast zum gewaltlosen Widerstand aufgerufen.
Du hast nicht gesagt: „Laßt alles beim alten!
Da kann man nichts machen.
Laßt euch unterdrücken
in Ewigkeit. Amen."

Du bist im Namen Christi aufgestanden
und hast gepredigt: „Liebet einen Gott,
der nicht Schwarz und nicht Weiß kennt,
der nur Menschen kennt, Kinder des einen Vaters."
Du hast geträumt von einer Zeit,
in der Schwarze und Weiße
an einem Tische sitzen werden.
Du hast gepredigt von einem Christus,
der für alle starb.

Eines Tages mußtest du selber sterben!
Du, der du die Gewaltlosigkeit
vertreten und gepredigt hast,
mußtest durch die Schüsse
eines Gewalttätigen zugrunde gehen.

Was mir von dir bleibt, ist die Gewißheit:
Du wirst immer wieder da sein,
immer wieder kommen
in all den Menschen, die sich zusammentun,
um gewaltlos mit dem Opfer ihres Lebens
eine bessere Welt zu erringen.

Epilog auf eine Trinkerin

Du, in Lumpen gehüllt!
Ich sah dich in der Gasse schwanken
wie ein Schilfrohr.
Ich wußte, es würde nicht lange dauern,
und du liegst am Boden.

An den Säulen eines vornehmen Hauses
bist du hingesunken.
Ich wagte zunächst nicht,
dich aufzuheben.
Ich kämpfte einige Zeit mit mir.
Zuerst ging ich vorüber,
dann ging ich wieder zurück,
hob dich auf und schleppte dich
zu deinem Kellerverlies.
Da sagtest du: „Dort ist die Kerze."
Ich entzündete die Kerze
und sah die Umrisse deines Elends.

Du drücktest mir die Hand
und sagtest: „Vergelt's Gott!"
Mit unsagbarer Dankbarkeit.
„C'est la vie", nicktest du.

Du erzähltest mir kurz deine Geschichte:

Du warst eine Emigrantin.
Du hast dich selbst nicht gefunden.
Falsche Freunde,
berufliches Mißgeschick,
langsames Absinken.
Rettung, die keine war:
Alkohol!

Und nun sitzt du da
und denkst nach über dein Leben
und kannst dir selbst nicht mehr helfen.

Du bist allein geblieben.
Ich versprach dir,
wieder einmal zu kommen.
Und als ich wieder einmal kam,
sagte man mir,
du seist vor kurzem gestorben
an Lungenentzündung —
und erst nach Tagen gefunden worden.

Ich habe dir nur einmal begegnen können.
Doch du hast dein Antlitz
in meine Seele gepreßt
wie Jesus das seine
ins Schweißtuch der Veronika.

Am Grabe einer Bergbäuerin

Was hast du gewußt
in dem Augenblick, als du vor dem Altar
zu deinem Mann gesagt hast: Ja!?
Du kanntest kaum die Mühen
und Sorgen eines Bergbauernhofes.
Du wußtest, Liebe macht stark.
Du warst eins mit deinem Mann
und eins mit Gott.
Da sagtest du ja als Mensch,
nicht als Übermensch.
Du wußtest nichts von deiner Zukunft.
Du hofftest, Kinder zu haben.

Schon beim ersten Mal eine Fehlgeburt.
Du hast die Hoffnung nicht aufgegeben.
Du hast zehn Kindern das Leben geschenkt.
Dein Gesicht ist geprägt von jahrelangen Opfern.
Du hast viel gelitten, gehofft,
bis die Kinder reif wurden.
Du konntest warten wie Gott.
Wäre dir damals die Angst gekommen,
als dein Mann dich fragte:
Bist du bereit, meine Frau zu werden
und mit den Hof zu versorgen?
Was wäre geworden aus dir?
Deine Bekannten und Nachbarn
haben dich gewarnt:
„Das hältst du nicht durch,
du bist eine zarte Frau."

Heute sehen wir, wie vieles du bewältigt hast.
Durch siebzig Jahre hindurch.
Du hast dich jedem Kind als Mutter zugewandt.
Du bist ein Wunder für viele geworden.
Jetzt stehe ich da an deinem Grab.

Ich denke an Menschen, die heute
schon nach dem ersten Kind sagen:
Es ist mir zu mühsam,
ein zweites Kind zu haben.

Bleib uns in Erinnerung!
Hilf uns in unserer Welt,
daß wir nicht in unseren Zweifeln und Ängsten,
in unserem Mißtrauen versinken.
Bleib uns nahe
mit deinem vertrauensvollen Blick!

An meine Mutter

Was hat dich stark gemacht,
wo Schwäche bei vielen zur Gewohnheit wurde?
Ich habe dich gesehen.
Du warst versunken:
nicht in die Welt der Sorgen, der Nöte,
der Reichen, der Armen.
Du warst versunken
beim Beten in Gott.
Dir ist nichts erspart geblieben.
Du bist mehr als andere
herausgefordert worden.
Du hast gezeigt,
wie stark Gott ist.

Wie oft muß ich
an deine ruhigen Hände denken,
die das Weihwasser verteilten
in alle Richtungen,
um uns Kinder zu beschützen.
Wir fuhren in alle Weltteile.
Wir kamen zurück.
Dein Segen hat uns heimgeholt.

Du hattest dir dein Leben anders vorgestellt.
Mit deiner Schwester wolltest du
still und bescheiden bis ins Alter leben.
Da wurde sie dir genommen
durch eine unheilbare Krankheit.
Sie war kaum 30 Jahre alt.

Nun begann dein Ringen.
„Kann ich es wagen zu heiraten,
jetzt mit 36 Jahren?"
Wer war dein Ratgeber?

Du sagtest: „In Gottes Namen!"
Mit Zittern, mit Hoffnung
hast du den Weg an der Seite
meines Vaters begonnen.

Es war ein Tragen, ein Mitgehen,
ein Stillsein, ein Verstehen,
wo der andere nicht verstehen konnte.

Sechs Kinder geboren.

Du wurdest nachdenklich,
wenn andere mich lobten.
Du wußtest: Die Gnade trägt jeder
in einem sehr zerbrechlichen Gefäß.
Du hast immer die Wahrheit gesagt
und doch keine Feinde gehabt.
Am Ende deines Weges auf der Erde
mußtest du viel leiden.
Drei Tage dauerte dein Sterben.

Du fielst wie eine reife Frucht
in den Schoß der Ewigkeit.
Stille blieb als Leere und Fülle.
Die Erde trug Rauhreif,
als man dich am letzten Tag
deines irdischen Lebens hinaustrug.
Keine Wolke war am Himmel zu sehen.
Man stellte auf die Schwelle der Türe
den Sarg und öffnete ihn.
Da liegst du in Frieden, im kleinen Hof,
wo du 75 Jahre lang lebtest und wirktest.

Am vorletzten Tag deines irdischen Lebens,
angenagelt seit Monaten
an das Kreuz deines Bettes,
feierten wir mit dir die letzte Messe.

Wie anders klangen diesmal
die Worte der Wandlung:
„Dies ist mein Leib,
der für euch hingegeben wird."

Dein Vermächtnis ist
in unseren Herzen eingeschrieben:
„Vertragt's euch! Seid gut zueinander,
vergeßt nit aufs Beten!"
Was uns bleibt, ist die Gewißheit:
Dem Leiden entkommt keiner.
Doch es wird durch Liebe erträglich.

Dein Lächeln, Mutter!

Ich sehe dich vor mir.
Dein Gesicht, dein Lächeln.
Wann immer ich heimkam,
ein Lächeln.
Wann immer ich fortging,
ein Lächeln.
Es war nicht das gleiche Lächeln
beim Begrüßen,
und nicht das gleiche
beim Abschied.
Aber es war immer ein Lächeln.

Dein Gesicht hat mir die Welt bedeutet.
Wie oft setzte ich in meinem Denken an
zu einer Frage.
Doch das Herz ließ diese Frage
nicht zu den Lippen kommen.
Ich schaute in dein Gesicht
und wußte.
Wozu da fragen?
Andere müssen Worte machen,
du konntest schauen.
Bis in deine letzten Stunden
hier auf dieser Erde
war dein Blick eine immerwährende,
gläubige Aussage,
ein Kommentar zur Weltgeschichte.
Dein Blick konnte richten und lieben in einem.
Er kam aus der Tiefe deines Wesens.
In deinen Augen, in deinem Gesicht
hab ich den Widerschein
einer anderen Welt gesehen.

Dein Leben, dein Beten, dein Singen,
dein Schweigen, dein Weinen, dein Lächeln,
dein Mahnen, dein Lieben
zeigten mir, daß Gott lebt und liebt.
Er sah mich mit deinen Augen an.
Du hast mit deinem Blick
die Rätsel dieser Erde nicht erklärt.
Und doch!
Dein Blick sagte mir: „Sei getrost!
Es liegt alles in guten Händen.
Frag nicht, wie, frag nicht, warum!
Bete, singe, denke!
Gott lebt mit dir!"

Gespräch mit dem Vater

Du warst klein von Gestalt,
doch unsagbar zäh.
Du mußtest viel mit Händen tun,
tagaus, tagein.
Aufstehen,
Vieh füttern,
auf die Baustelle gehen.
Tragen, heben, ziehen.
Essen, rasten
und sich bücken unter der Last.

Dein ernstes Gesicht bleibt
in meiner Seele aufbewahrt.
Du warst meist in dich gekehrt,
sprachst kaum ein Wort.
Du kamst heim
und warst wieder still.

Urlaub war für dich ein Fremdwort.
Am Sonntag gingst du zur Kirche,
nachmittags lasest du die Zeitung.
Sie fiel dir oft aus der Hand.
Du warst müde.
Mit 39 Jahren hast du die Ehe begonnen.
Fünf Kinder,
fünf verschiedene Welten.
Viel Kommen und Gehen,
viel Händegeben und Abschiednehmen.

Ich weiß nicht, was du empfunden hast,
als ich Priester wurde.
Ich weiß nicht, was in dir vorging,
wenn wir mit großen Worten
über das Leben, über die Politik,
über die Wirtschaft, über die Zukunft
und über die Religion sprachen.

Ab und zu sahen wir,
wie du feiern konntest.
Du hast gern getanzt.
Ich erinnere mich
an deine leuchtenden Augen.
Dann kam wieder Alltag:
Schmerz, Klage,
Verstehen und Einsehen:
Es ist so und nicht anders.

Allmählich wurdest du krank.
Du rangest um Atem.
Dein zäher Wille zum Leben
war bis zur letzten Stunde spürbar.

Ich durfte bei dir sein,
als du heimgingst.

Als Kind brachte ich dir einst
das Essen auf die Baustellen.
Jetzt halte ich dir die Hand
und bete die Sterbegebete.

Die Engel mögen dich begleiten
auf deinem Weg zum ewigen Vater!
Vergelt's Gott für alles, Vater!
Langsam hauchst du dein Leben aus.
Ich höre noch die langen Atemzüge
und ein immer wiederkehrendes „Ja".
Dann ist es still.

Deine rechte Hand liegt offen
und einladend da.
Sie ist zum Empfangen bereit.

Dein Vermächtnis, Vater!

Ich habe schweigend mit dir
Schulter an Schulter gearbeitet.
Ich bin schweigend mit dir
durch die Wälder gegangen.
Ich bin schweigend mit dir
an einem Tisch gesessen.

Dein Beispiel ist mir
zur unvergeßlichen Antwort
auf viele Lebensfragen geworden.
Es kommt aufs Tun,
nicht aufs Reden an.

Frag nicht zuerst nach dem Glück,
frag zuerst nach deinem Auftrag!

Du hast viel durchgetragen,
jahrzehntelang.
Du warst treu und einfach.
Du hast nichts verschwendet.
Du bist nicht verzweifelt,
trotz deiner Schwächen,
die dir und uns Mühe machten.

Du hast gefeiert,
du hast gebetet und
dein Leben betend Gott übergeben.

Du hast deine Hände gefaltet,
die nur Knochen und Sehnen waren,
um zu beten.
Dein Gesicht wurde dabei
seltsam gelassen und innig.
Das Beten blieb
die letzte Verständigung
zwischen dir und uns.

V.
Herausforderungen und Ansprüche an Menschen von heute

Jesus wird dich fragen

Ich habe gesagt:
„Wer von euch ohne Schuld ist,
werfe den ersten Stein."
Wie viele Steine hast du
auf andere geworfen?
Ich habe dir gesagt:
„Liebet eure Feinde!"
Wie denkst du über deinen Gegner?
Hast du Feinde?
Wie sprichst du über sie?
Ich habe dir gesagt:
„Wenn du merkst, daß jemand
etwas gegen dich hat, geh hin!
Sprich dich aus mit ihm.
Dann komm und feiere
deinen Gottesdienst!"
Wie oft hast du dich
vor oder wenigstens nach der Messe
mit dem ausgesprochen,
den du nicht verstanden hast?

„Ich habe mich mit Bettlern, Dirnen,
Trinkern, mit Menschen
ohne guten Ruf abgegeben."
Wie gehst du mit denen um,
die niemand mag?

Ich habe dir gesagt:
„Der Knecht ist nicht größer als sein Herr.
Haben sie mich verfolgt,
werden sie auch dich verfolgen."
Hast du den Anspruch meiner Worte
so lange abgeschwächt,
bis sie keinen mehr schmerzten?

Ich habe dir gesagt:
„Liebe deinen Nächsten wie dich selbst!“
Magst du dich selbst?
Wie erträgst du die Menschen in deiner Umgebung?

Jesus sagt:

Ich habe dir gezeigt,
daß ich Angst hatte und verlassen war.
Wie oft gibst du deine Schwächen zu?

Herr, gib uns die Kraft aufeinander zuzugehen und einander zu verstehen

Ich bin für meine Wahrheit gekreuzigt worden.
Wofür hat man dich ausgezeichnet?
Ich habe dir gesagt:
„Was nützt es euch,
wenn ihr die ganze Welt gewinnt,
an eurer Seele aber Schaden leidet?“

Wieviel Zeit nimmst du dir für dich selbst,
für dein Beten,
für das Lesen der Heiligen Schrift?
Ich habe dir gesagt:
„Seid klug wie die Schlangen,
aber unverdorben wie die Tauben.“
Wie oft begnügst du dich mit Schwärmerei,
ohne deine Klugheit im Gespräch
mit anderen einzusetzen?

Ich sagte dir:
„Wenn einer zwei Mäntel hat,
soll er einen von ihnen dem geben,
der keinen hat.
Wer etwas zu essen hat,
soll es mit dem anderen teilen.“
Was teilst du an Zeit, Geld
und Ideen mit den anderen?
Ich habe dir gesagt:
„Gebt freiwillig, dann wird
auch euch gegeben werden,
reichlich und so großzügig,
daß ihr es kaum fassen könnt.“
Hast du damit angefangen?
Was hast du erfahren?

Herr, gib uns den Mut, unser Leben mit andern zu teilen – Freude, Leid, Freizeit und Schulzeit, gutes Essen und gute Ideen

Ich habe dir gesagt:
„Wem wenig verziehen wird,
der kann wenig Liebe schenken."
Wie oft hast du aus Angst
vor einer selbständigen Entscheidung
die Gesetze eher beachtet als den Menschen?
Wie viele Menschen sind an deiner lieblosen
Pflichterfüllung und an deiner Scheinheiligkeit
zerbrochen?

„Ich bin von den Toten auferstanden." damit ihr das
~~Womit hast du das bewiesen?~~ Leben habt in Fülle.

Gehet hin und bringt Frieden.

An alle, die als Aufklärer wirken wollen

Denkt vor allen Erklärungen,
worum es im Grunde geht!
Es geht um Gnade,
um Schuld, um Gericht,
um Leben, um Berufung,
um Bestimmung, um Freiheit,
um Verdammung, um Erlösung,
um Verzweiflung, um Hoffnung,
um Seligkeit, um Opfer,
um Liebe, um Frieden.

Wer über diese Bereiche
reden möchte,
wird auf Religionen,
auf Riten, auf Liturgien,
auf Offenbarungen und
Heilige Schriften
nicht verzichten können.

Er wird sich bemühen,
den Menschen das Geheimnis zu vermitteln.
Er wird sich einsetzen,
den Menschen vom Vertrauen
und nicht vom Wissen her
den Zugang zum Wesen
des Lebens zu erschließen.

Ehe der Hahn kräht

„Mein Leben will ich für Dich einsetzen, Jesus!"
Mein Leben willst du für mich hergeben, Petrus?
Wahrlich, wahrlich, ich sage dir:
Ehe der Hahn kräht,
wirst du mich dreimal verleugnen.

Du willst dich ernstlich bessern.
Ehe der Hahn kräht,
fällst du zum hundertachtzigsten Mal
in die gleiche Schwäche.
Sinkst du zum zweihundertsten Mal
in den gleichen Abgrund.

Ich will dir die Treue halten
bis in den Tod!
Ehe der Hahn kräht,
hast du mich dreimal
mit einer anderen Frau betrogen.

Du willst deinen Jähzorn beherrschen.
Ehe der Hahn kräht,
hast du einen Menschen angeschrien.

Du willst Priester werden,
in einen Orden eintreten.
Ehe der Hahn kräht,
hast du von diesem Gedanken
Abschied genommen.

Du willst nicht so wie die anderen sein.
Du willst nicht nur nach Besitz trachten.
Ehe der Hahn kräht,
hast du dich dem Geld verschrieben.

Du willst die Seele des Partners
suchen und finden.
Ehe der Hahn kräht,
gibst du dich mit dem Körper zufrieden.

Du willst Gott suchen,
solange du lebst.
Ehe der Hahn kräht,
hast du auf Gott vergessen.

Du willst dir deine eigene
Meinung bewahren.
Ehe der Hahn kräht,
heulst du mit den Wölfen.

Du willst ein Vorbild sein
für viele.
Ehe der Hahn kräht,
ekelt es dir vor dir selbst.

Du hast die Gnade, wie Petrus
in dich zu gehen.
Zu weinen und dadurch
die Vergeblichkeit der großen Worte
zu erleiden.

Mein Christus schwingt die Peitsche

Du sagst:
Mein Christus schwingt die Peitsche! —
und bläst nicht die Hirtenflöte.
Du siehst Christus nur im harten Kampf
mit den Pharisäern.
Er weicht nicht zurück.
Er gibt in keinem Punkte nach.
Er läßt sich nicht einschüchtern.
Weder durch Verwandte,
die ihn für verrückt erklären,
noch durch die staatliche Obrigkeit.
Er weiß: die Schlinge zieht sich enger.
Doch er steht fest.
Du sagst, dein Christus sei verzweifelt
am Kreuze erstickt.
Von einer Auferstehung
weißt du nichts.

Bist du nicht einseitig geworden?
Was ist mit jenem Christus,
der sich zurückzieht
und mit dem Vater in der Stille ringt
und betet?
Der nicht zurückschlägt,
sondern leidet?
Der dem Petrus verzeiht,
obwohl er ihn verleugnete?
Der seinen Jüngern nach der Auferstehung begegnet
und zu ihnen „Friede!" sagt?
Mit diesem Christus wirst du
die Welt nie durch Macht verbessern können.
Du wirst mit ihm für die Wahrheit einstehen,
zugrunde gehen und in einer
neuen Weise lebendig und
wirksam sein.

An einen Mönch

Du schreitest langsam
durch den Kreuzgang zum Chorgebet.
Seit Jahrzehnten gehst du
deinen gleichen Weg,
singst du die Psalmen.
Du bist selbst ein Psalm geworden.
Dein Gehen, dein Stehen, dein Verneigen
sind mehr als äußere Form.

Ich danke dir,
du still gewordener Mönch.
Du bist jenseits des Geschwätzes,
jenseits der Fragen,
jenseits der Reformen,
jenseits der Erstarrung
mit dir eins geworden.

Dein Beten ist Ausdruck
der Einheit von Leib, Seele und Geist.
Dein Beten ist Ausdruck deiner Liebe.

Von dir geht Segen aus.
Die vielen Gebete,
die dich geprägt haben,
sind in dir als innere Kräfte.
Du hast das Beten der Jahrhunderte
in deine Seele eingebracht.
Deine Seele ist voll
von Bildern und Gleichnissen,
von Riten und Liturgien.
Du brauchst nicht die Wissenschaft,
um dich selbst zu erforschen.
Du hast die Weisheit
der Heiligen Schriften in dir!

Ich bin dankbar,
dir begegnet zu sein.

Du warst da, um verbraucht zu werden
im Dienste Gottes,
im Dienste der Menschen.
Dein schlichter Dienst ist ein Tedeum.
Du bist in der Stille groß geworden.
Du bleibst in der Stille der Klöster
ewig daheim!

An einen Priester im Beichtstuhl

Wer bist du, jenseits des Gitters?
Du sitzt da, ruhig und gelassen.
Ich komme zitternd, voll Unruhe,
unzufrieden mit mir selbst.
Bist du der Zeuge eines ewig ruhenden Gottes?

Ich kenne einen Christus der Ikonen
mit einem ernsten Gesicht
und einem durchdringenden Blick.
Wer bist du?
Was sagst du von dir selbst?

Weißt du, was es heißt,
schuldig zu werden?
Jemand zu verraten?
Jemand das Liebste zu nehmen?
Jemand die Hoffnung zu rauben?
Zehn Jahre lang einen falschen Weg zu gehen,
dann jahrelang zu leiden,
den Stolz zu besiegen
und zu sagen: „Ich bekenne,
ich bin schuldig geworden"?

Wer bist du, der da die Hand erhebt
und sagt: „Ich spreche dich los
von deinen Sünden."
Du bist ein Mensch,
bedroht wie ich,
der wie ich hassen und lieben kann.

Wer du auch bist:
Du bist ein Sprachrohr Gottes,
an Stelle Gottes sagst du mir:
„Deine Sünden sind dir vergeben.
Geh hin in Frieden!"

An ein Taufkind

Florian, du liegst da vor uns,
schlafend, eingehüllt in dein Taufgewand,
umgeben von der Zärtlichkeit
und Zuneigung von Mutter und Vater,
für die du alles bedeutest.
Du weißt nichts von deinem Leben.
Du hast noch nicht unsere Gedanken.
Unser Bewußtsein ist gefüllt
mit Begegnungen, mit Konflikten,
mit Spannungen, mit Lösungen,
mit Informationen, mit Wissenschaften.
Du liegst da im Frieden.

Ich schaue auf dich und denke:
Der Mensch ist im Grunde gesichert.
Er kann nicht aus seinem Wesen
herausgerissen werden.
Du hast dich nicht selbst erschaffen, Florian.

Du hast dein Leben nicht nur
von Vater und Mutter erhalten.
Auch sie haben ihre Leben
von einem anderen bekommen.
Die Herkunft des Lebens führt
unmittelbar in das Herz Gottes hinein.

Du liegst im Frieden da!
Wieviel Unruhe und Zerrissenheit
wirst du in deinem Leben erfahren?
Durch wie viele Zweifel wirst du gehen müssen,
bis du sagen kannst:
„Ich glaube, ich hoffe, ich liebe"?

Mit wie vielen Leiden wirst du geprüft werden,
bis du zugibst:
„Ich sehe ein, das Weizenkorn muß sterben,
um Frucht zu bringen"?

Durch wie viele Gespräche
wirst du dich hindurchplagen,
bis du einsiehst,
daß es Größeres gibt
als essen, trinken, Geld verdienen,
sich unterhalten, mächtig und tüchtig sein?
Es gibt ein Geheimnis,
das dich und mich trägt.
Es ist unbegreiflich
und doch für Sehende faßbar
in Zeiten der Hingabe.
Du wirst deinen Gott
und Schöpfer nie sehen.
Doch das Gesicht von Vater und Mutter
ist ständig vor dir.

Wieviel Zeit wirst du haben,
dich auf der Erde zu entfalten?
Wie wirst du
von dieser Erde gehen?
Wird in deinem Antlitz
noch das Vertrauen liegen,
worin du jetzt geborgen bist?
Wohin wirst du gehen?
Was ist der Sinn deines Daseins?

Leuchten!

Deine Patin hält die brennende Kerze.

An einen unheilbar Kranken

Du hast seit einigen Wochen die Gewißheit,
daß die Ärzte ratlos sind.
Nach menschlichem, medizinischem Ermessen
bist du für diese Erde nicht zu retten.
Du gehst in ein anderes Dasein hinüber.
In den letzten Wochen und Monaten,
die dir bleiben, überdenkst du dein Leben.

Vieles, was dir vor kurzem noch wichtig war,
ist plötzlich entschwunden.
Vieles, was gestern auf deine Seele drückte,
ist jetzt überwunden.

Du schaust mit klarem Blick
die Menschen an, die dich
im Krankenhaus besuchen.
Dein Blick ist anders geworden.
Wir brauchen nicht nach schönen
Phrasen zu suchen und
vom Gesundwerden, vom Besserwerden reden.
Du weißt, wie es um dich steht.

Einst hattest du wenig Zeit für Begegnungen.
Jetzt fällt alles von dir ab,
was dich beschwert hat.
Du wirst ruhig und gelöst,
obwohl so viel auf deiner Seele lastet.

Du bist kein heroischer Mensch.
Auch du stöhnst und fragst ab und zu:
„Warum jetzt? Warum ich?"
Doch dein Glaube prägt dich
und führt dich hin zu Gott.

Kommunion

Ich habe dir den Leib Christi gebracht.
Da hast du zu weinen begonnen.

Du hast auf deine Beine gezeigt
und gesagt:
„Die Füße wollen nicht mehr."

Ich bete mit dir langsam das Vaterunser
und gebe dir den Leib des Herrn.
„Leib Christi, für dich hingegeben."
Du wirst viel Kraft brauchen,
um hier in dem kleinen Raum
nicht zu verzweifeln
mit der Erinnerung,
dich dein Lebtag geplagt zu haben.
Und jetzt?
Schmerzen, Lähmung, langsames Absterben.
Es läßt sich nicht sagen,
warum du Kohlensäcke tragen mußtest,
während der Nachbar ein Drittel des Jahres
Reisen machte und das Leben genießen konnte.

Was dir bleibt:
Der Glaube, daß mit dem Tod
ein neues Leben beginnt,
in dem du von irdischen Lasten befreit
und endlich selig sein wirst.

An den blinden Losverkäufer

Menschen ziehen an dir vorbei,
fröhliche und traurige.
Sie denken an Geschäfte,
an ihren Urlaub,
an ihre Eltern, an ihre Kinder.
Sie kämpfen im stillen
mit einem Gegner,
sie pfeifen oder seufzen.
Menschen ziehen an dir vorbei.

Du stehst am Rande,
du siehst nicht, bist blind.
Verkaufst Lose.
Menschen gehen an dir vorbei.

Die einen schauen dich an
und denken sich nichts.
Die anderen schauen dich an
und gehen betroffen weiter.

Du verkaufst Lose.

Ich denke an einen,
der Lose vergibt.
Menschenlose.
Gott!

Hat Er die Augen geschlossen wie du?
Sieht Er, wem Er das Los zuteilt?
Das schwere und das leichte Los?

Du stehst da, ohne Bewegung,
in Hitze und Kälte.
Du wartest auf Menschen,
die dir Lose abnehmen.

Du stehst wie einer da,
den nichts enttäuschen kann.

Was denkst du über die Menschen,
die in Massen vorbeiströmen an dir?
Du stiller Mensch
am Rande einer Straße
in einer lärmenden Stadt.

An den verlorenen Sohn

Du bist in die Fremde gegangen.
Du wolltest deine Erfahrungen machen
draußen in der Welt.
Deine Seele hast du nicht beachtet.
So kam es, wie es kommen mußte.
Du hast dein Geld verpraßt,
du hast dein Vergnügen gehabt,
deine Erfahrungen gemacht.
Es blieb dir nichts als die Trauer zurück.
Du hast eine Arbeit gefunden,
die dir Zeit zum Nachdenken ließ.

Du bist in dich gegangen.
Du hast eingesehen,
draußen ist nicht das Paradies.
„Zurück zum Vater,
zum Vaterhaus!"
Dein Vaterhaus war in dir.
Dein Vater war deine Seele.

Dein Vater wartet mit offenen Augen
und Händen auf dich.
Du bist heimgekehrt
in deinen inneren Frieden.
Du hast bereut.
Nicht wie einer, der flüchtig sagt:
Jeder kann sich irren.
Du hast dich eindringlich mit dir beschäftigt.
Du hast dir Zeit gelassen,
dich ehrlich und schonungslos
mit dir selbst auseinanderzusetzen.
Dein Vater hat dir verziehen.
Er hat ein Fest mit dir gefeiert.
Denn du warst tot und lebst wieder.
Du warst verloren und bist wieder gefunden.

An einen Rennfahrer

Du erzählst mir begeistert von deinen Gefahren.
Von deinem Einsatz, von dir.
Du fährst mit unvorstellbarer Genauigkeit.
Doch weißt du wirklich, was kommt?

Einer fuhr eines Tages bei einer Testfahrt
auf der Einbahn dir entgegen.
Du kamst vom Berg.
Mit mehr als hundert Stundenkilometern.
Im letzten Augenblick
konnte dich jemand warnen.
So kamst du einen halben Meter
vor dem quergestellten Wagen
eines anderen zum Stehen.

Eine sichere Todesfalle für dich
und deinen Beifahrer.
Ein halber Meter
trennt dich von deinem Grab.
Ein Mann mit vielen Plänen,
mit einer Freundin, mit Eltern.
Du und dein Leben, deine Erde
und ein halber Meter!
Deine Zeit ist nicht abgelaufen.
Du bist zum zweitenmal geboren.
Jetzt weißt du klarer als vorher:
Du bist nicht zufällig am Leben.
Du hast einen Auftrag zu erfüllen.

An einen Manager

Du bist ständig unterwegs
zwischen New York und Frankfurt,
zwischen Paris und Moskau.
Du überfliegst Länder in Stunden
und liest die neuesten Börsenberichte.

Pausenlos kommen dir neue Nachrichten zu.
Du bist ständig mit deinem Büro in Verbindung.
Du hast Hunderte von Angestellten,
die deine Ideen und Pläne verwirklichen.
Du bist der Kopf eines großen Unternehmens.

Du weißt, wieviel Verantwortung du hast.
Hunderte von Arbeitern sind abhängig
vom Ausgang deiner Verhandlungen.
Du weißt um die Stärke
und um die Gefährlichkeit der Macht.

Die Kluft zwischen
deiner wirtschaftlichen Macht
und deiner eigenen menschlichen Ohnmacht
ist eine Zerreißprobe für dich.
Wenn du auf dein Inneres hörtest,
so müßtest du längst anders entscheiden.

Du weißt, daß du tüchtig bist,
anerkannt von Tausenden,
gegrüßt, geehrt, ausgezeichnet.
Und trotzdem bist du ärmer
als ein Bettler.

Du bist während der letzten Jahre
in deinem Beruf
zu einem lebenden Datenzentrum geworden.
Du funktionierst.

Ich wage zu fragen:
„Lebst du? Glaubst du? Liebst du?
Hoffst du?"

Was ist dir der einzelne wert?
Deine Frau, deine Kinder?
Du weißt selbst
um die Fragwürdigkeit deines Berufes.
Du bist in vielem ein Zwangsarbeiter geworden.
Der Zwang der Zeit,
der Zwang der Verhältnisse,
der Zwang der Dinge
engen dich ein.

Ich weiß nicht,
ob es verantwortlich ist von mir,
dir Fragen zu stellen,
was du denkst, was du glaubst und fühlst.
Ich weiß, du brauchst nicht Vorwürfe,
du brauchst einen verstehenden Menschen.

Du hast viele Bekannte,
viele, die dich schätzen.
Doch bei wem fühlst du dich geborgen?
Wem stellst du deine Fragen
und wer beantwortet sie?
Kannst du noch still werden?
Redest du noch mit Gott?
Und was kommt dir von deinem Gott zu?
Schweigen? Kälte? Vorwürfe? Güte?

Dir, der du alles hast,
wünsche ich, was du nicht hast:
Zeit für dich!

An einen Juristen

Worum geht es dir persönlich,
wenn du ein Urteil sprichst?
Willst du den Richter zeigen,
der in allem Bescheid weiß?
Wagst du auch,
über die Zäune der Paragraphen
in das Dickicht
des menschlichen Herzens zu schauen?
Weißt du genau,
wo die Grenzlinien
zwischen Schuld und Unschuld
sich entlangziehen?
Hast du eine Ahnung
von der Abgrundtiefe
des menschlichen Herzens?

Leidest du,
wenn du verurteilst?
Betest du vor und nach deinem Urteil
für den Menschen, den du schuldig sprichst?

Ich stehe vor einem Kreuz

Ich stehe vor einem Kreuz
und sehe das Gesicht des Gekreuzigten.
Ich bin erschüttert über die Wahrheit,
die mir gezeigt wird.

Ich höre die Nachrichten,
ich lese Zeitungen und bin betroffen:
Der Mensch lernt wenig aus der Geschichte.
Er leidet nach wie vor unsagbar viel.

Ich gehe in eine Kirche
und höre die Worte der Osterbotschaft.
Ich höre die Frage der Frauen,
die zum Grabe gehen:
„Wer wird uns den Stein vom Grab wegwälzen?"

Viele von uns fragen:
„Wer befreit uns vom Stein,
der auf unserem Leben lastet?"
Ich höre die Antwort des auferstandenen Herrn:
„Warum weinst du?
Ich war tot; doch siehe, ich lebe!
Ich halte die Schlüssel
der verborgenen Welten in meinen Händen.
Fürchte dich nicht, ich bin bei dir!
Dein Erlöser lebt.
Siehe, ich mache alles neu!"

Wo gestern noch Haß,
kann morgen Verstehen beginnen.
Wer gestern noch einsam,
kann morgen Gemeinschaft erleben.
Wer gestern noch trostlos,
kann morgen von der Gewißheit erfaßt sein:
Auch die schwerste Stunde hat ihren Sinn!

Monolog am Krankenbett eines Süchtigen

Zum zehnten Mal bist du zur Entwöhnung da.
Ich sehe deine zitternden Augenlider.
Ich kenne deine nervösen Bewegungen.
In deinem Innern sind viele Lampen erloschen.
Du hast dich verzweifelt bemüht, hochzukommen.

Irgendwann hast du einen großen Fehler gemacht.
Wer ist schuldig, wer ist unschuldig?
Man hat sich überwunden, dir zu verzeihen.
Du hast mit Mut begonnen,
ein neues Leben aufzubauen.
Du bist von einem Versagen zum andern
schwächer geworden.
Du hast immer wieder Menschen gefunden,
die dir beistanden.
Doch du bist mit deiner Innenwelt
nicht zu Rande gekommen.
Was du auch angefangen hast,
du bist in deinen eigenen Abgrund gestürzt.

Du hättest über dich hinauswachsen müssen.
Du hättest durch dich hindurchgehen müssen.
Aber was heißt „hätte"?
Was heißt „müssen"?
Du bist ein Mensch.
Und ich achte das Geheimnis, das in dir ist.

Du bist süchtig.
Was heißt das?
Du trägst schwer an deinem Leid.
Die andern leiden sehr an dir.
Wozu? Warum? Wie lange noch?
Wer weiß es?
Ich sitze hier, ich weiß,
du bist jetzt unansprechbar.
Ich weiß nicht, wie ich dir helfen kann.

Helfen?
Wie lächerlich wird dieses Wort,
wenn ich an deine Erfahrungen denke.
Du wolltest vielen helfen
und bist selbst schwach geworden.
Du wußtest selbst keinen Ausweg für dich.

Ich achte dich.
Ich achte dich, weil du bisher
nicht verzweifelt bist.
Viele deuten mit dem Finger auf dich.
Wenn du auf der Straße gehst,
hat mancher Mitleid mit dir.
Du magst Mitleid nicht.
Das alles bedenke ich,
wenn ich hier sitze vor dir.
Wer und was du auch bist,
eines spür' ich:
In dir verbirgt sich Größeres
als nur ein Mensch,
der das Trinken nicht lassen kann.

An einen Pessimisten

Du stehst am Morgen auf
und sagst: „Schon wieder ein neuer Tag!"
Du öffnest dich nicht
für den neuen Tag.
Du nimmst die Bitterkeit von gestern
in das Heute mit.
Du liest die Zeitung
und stöhnst: „Grausame Welt!"
Du sprichst mit Menschen,
saugst dich an Gerüchten fest
und sagst: „Alle sind Betrüger!"

Du gehst durch die Natur
und bist mit dir selbst beschäftigt.
Deine schwermütigen Gedanken
ziehen dich in das innere Chaos hinein!
Du spürst nicht das Keimen, das Wachsen,
nicht das Blühen, das Reifen.
Du siehst nicht die Farben des Herbstes,
fühlst nicht die Kraft der Stille im Winter.
Du fragst nur: „Warum muß ich leiden?"
und nicht: „Warum durfte ich
dem Menschen begegnen,
der sich so für mich einsetzt?"
Du fragst nicht: „Warum darf ich
in einem freien Land leben?
Warum bin ich geistig gesund?
Warum habe ich gute Eltern gehabt?"

Du bist zu sehr in deine Gedanken verstrickt.
Du liest kaum in der Bibel.
Und wenn, dann klammerst du dich
an Berichte, die deine Schwermut nähren.

Verlieb dich doch nicht in deinen Schatten!
Schau in die Richtung des Lichtes!

An einen Strafgefangenen

Viele urteilen über dich,
ohne dich zu kennen.
Sie lesen Zeitungsberichte.
Du bist ihr Gesprächsstoff.

Ich kann deine Schuld nicht leugnen.
Ich bitte dich: Steh zu deinem Schatten!
Sei mutig! Schau auch diesem Teil
deines Wesens ins Auge,
der dich hingerissen hat,
einen Menschen zu töten.
Du hast eine Möglichkeit zur Veränderung.
Dort, wo du dich annimmst,
forderst du Gott heraus.

Das Grübeln wird deine Zelle
noch dunkler machen!
Die Fragen werden dich
mit neuen Lasten befrachten.

Das Vertrauen kann dich erlösen.
Das Vertrauen kann dir Zusammenhänge zeigen
und einen neuen Weg für die Zukunft weisen.
Bleib nicht stecken bei der Frage „Warum?"
Nimm dich an, wie du bist.
Das letzte Wort hat nicht das Gericht.
Das letzte Wort hat einer,
der am Kreuz zum Schächer sagte:
„Noch heute wirst du mit mir im Paradiese sein!"

An einen ständig unzufriedenen Zeitgenossen

Du bist nie zufrieden.
An einem warmen Tag sagst du:
„Es könnte etwas kühler sein!"
Am kühlen Tag schimpfst du:
„Es könnte wärmer sein!"

Du findest an jedem Menschen einen Fehler.
Einer ist dir zu still,
der andere zu laut.
Einer ist dir zu gescheit
und der andere zu dumm.

Geh mit mir in die Klinik!
Ich zeige dir Menschen,
die von einem Tag auf den anderen
nach einem Unfall sich umstellen müssen.
Gestern noch gesund, heute gelähmt!
Sie hatten viele Pläne.
Nun müssen sie plötzlich
auf vieles verzichten.
Sie gehen tiefer in ihr Wesen hinein
und finden Sinn für ihr Leben.

Geh mit mir!
Ich zeige dir Menschen
in einer psychiatrischen Klinik,
die wochenlang, monatelang krank sind,
und niemand besucht sie.

Komm mit in ein Altersheim!
Ich zeige dir Menschen,
die nur noch der Erinnerung leben.
Sie sind glücklich über jeden Brief,
über jeden Gruß, über ein wenig Zeit,
die du ihnen schenkst.

Du bist unzufrieden,
weil du zuviel hast!

Geh mit mir in die Kirche!
Ich zeige dir einen,
der nichts hatte und doch
im Frieden starb.
Schau hinauf auf das Kreuz!
Dort siehst du einen,
dem alles genommen wurde,
sogar sein letztes Gewand.
Nackt starb er unter Verbrechern,
unter dem Spott seiner Feinde.
Sterbend sagte er uns:
„Es ist vollbracht!"

An einen schwierigen Menschen

Du bist mein Fegefeuer.
Du reinigst mich.
Dein Blick peinigt mich.
Dein Wesen regt mich auf.

Dein Blick erinnert mich an etwas,
was ich bisher mit Erfolg verdrängen konnte.
Dein Tonfall reizt mich.
Ich entdecke in meinem Wesen etwas,
was ich bisher nicht gefunden habe.

Deine Art und Weise zu leben steht im Widerspruch
zu meiner Denk- und Lebensweise.
Du bist ein Feuer, das mir weh tut
und mich wärmt in einem.

Ich weiß,
du bist nicht zufällig auf mich zugekommen.
Du warst unausweichlich da.
Du hast an mir deine Aufgabe zu erfüllen.
Ich habe an dir meinen Auftrag durchzuführen.
Es ist geheimnisvoll,
auf Grund von Aufträgen einander
begegnen zu müssen.
Wir sind nicht nur Menschen,
wir sind füreinander Gesandte.
Du wirst mich so lange herausfordern,
bis ich eins bin mit dir.

An zwei, die einander in Abhängigkeit erhalten wollen

Ihr habt Angst,
einander allein zu lassen.
Ihr hängt sklavisch aneinander.
Ihr liebt einander, wie ihr sagt, abgöttisch.

Ich habe Bedenken,
die aus vielen Gesprächen
mit Menschen kommen.
Sie hatten eine ähnliche Zuneigung wie ihr.
Sie standen eines Tages
vor den Ruinen ihrer Ehe.
Sie sind den Gesprächen über ihre Seele
ausgewichen.
Sie haben mit ihrem Körper
ihre Seele verraten.
Was erreichten sie?
Sattheit, neuer Hunger, neue Sattheit.
Sie haben sich
um ihre eigene Menschlichkeit betrogen.
Inzwischen haben sie leidvoll lernen müssen,
daß Liebe nicht durch Willen erreichbar ist.

Ihr habt Angst,
einander allein zu lassen.
Eure Angst, der andere könnte untreu werden,
zeigt, daß ihr noch nicht zueinander
gefunden habt.
Wo ihr einander in der Seele
nahegekommen seid,
bleibt die Gewißheit zurück:
Wir können einander
nicht genommen werden.

An einen wehleidigen Menschen

Du fliehst den Schmerz,
du suchst den Weg,
der dir nicht weh tut.

Du meidest unangenehme Gespräche.
Du schaffst keine Klarheit.
Du brichst Gespräche ab,
wo du auf Widerstand stößt.
Du fliehst sofort,
wenn du spürst, daß dich eine Begegnung
schmerzvolle Gespräche kostet.
Du bist feige!

Du schleppst vieles
unverdaut in deiner Seele mit.
Du fürchtest dich,
ehrlich zu dir selbst zu sein.
Du hast nicht den Mut,
dich der Wirklichkeit des Lebens
zu stellen.
Durch Leiden Freude zu erreichen.
Durch Gespräche Verständnis zu erzielen.
Durch schmerzvolle Erkenntnisse
weise zu werden.

Stelle dich den Menschen,
und du wirst dich
als Quelle seelischer Kräfte entdecken!

„Dies irae“ für den lieben Zeitgenossen

Lieber Zeitgenosse!
Du redest über alles.
Du hast Zugänge durch die Massenmedien
zu den verschiedensten Problemen,
von denen frühere Generationen nichts wußten.
Du bist aufgeklärt wie noch nie!
Doch dein Inneres ist verschleiert,
mehr denn je!

Deine Seele ist verhüllt.
Ab und zu, wenn du
in deine Tiefen schaust,
fliehst du, so schnell du kannst,
in noch mehr Arbeit, noch mehr Reize,
in Medikamente oder Alkohol,
in Sex und Tratsch.
Du kommst nicht zur Ruhe.
Du stehst vor dem Bankrott deiner Innenwelt.
Du weißt es längst.

Du hast die Außenwelt ausgebeutet.
Nun stehst du vor dir selbst.
Vor dem Gericht deines Gewissens,
das dir sagt:
Du hast Götzen angebetet!
Du hast dich selber geschändet.
Du hast die Worte, die ich dir in der Stille
sagen wollte, überhört.
Du hast die Zeit, die du für dich selbst
gehabt hättest,
mit der ängstlichen Sorge
um vergängliche Dinge vertan.

Ich brauche dich nicht zu verurteilen.
Du bist gestraft genug
mit dem, wovor du fliehen mußt.
Beginne endlich, dich zu erkennen
und zum Kern der Person vorzudringen!
Dort findest du,
was du außen vergeblich suchst.

Bevor du vom Hochhaus springst

Du sagst: „Mir ist alles genommen."
Du hast einst der Frau versprochen,
mit ihr durch dick und dünn zu gehen.
Nun ist sie zu deinem Freund gezogen.
Du willst nicht weiterleben.
Du willst nicht auf diesem Planeten bleiben,
wo Freunde einander das Liebste rauben.

Ich bitte dich: Warte!
Horch noch tiefer in dich hinein;
es ist etwas Unbezwingbares in dir!
Laß dich nicht täuschen von
den oberflächlichen Stimmen,
die dir falsche Wege einreden wollen.

Die innerste Stimme sagt dir:
„Warte!" Dir wird Neues geschenkt.
Du wirst ein neues Leben beginnen,
mit neuer Einsicht und neuer Erkenntnis.

Du wirst viele Illusionen verlieren.
Das tut weh ...
Dieses Leiden ist notwendig.
Wirf dein Leben nicht weg!
Dein Leben ist nicht an den Körper gebunden.
Dir selbst kannst du niemals entkommen.
Im Grunde deines Wesens
wartet ein Retter auf dich.

Wohin willst du springen
als in die Hände des lebendigen Gottes,
der dich zum Leben erweckt?